Ansiedad

Superar depresión, estrés y ansiedad por medio
de la meditación y empezar una vida saludable

(Use técnicas poderosas para vencer la ansiedad,
el estrés y la depresión)

Numa Velez

I0136185

Publicado Por Daniel Heath

© **Numa Velez**

Todos los derechos reservados

ISBN 978-1-7770207-0-5

TABLA DE CONTENIDO

Parte 1

Cómo leer este libro

La ansiedad, la preocupación y el miedo son emociones poderosas que todos experimentamos en un grado u otro. Durante algunas estaciones de la vida, estas emociones pueden sentirse particularmente fuertes y paralizantes. ¿Qué podemos hacer cuando estamos pasando por una temporada así? Podemos buscar consejo en la Palabra de Dios.

La Palabra de Dios está llena de sabiduría. El propósito principal de las Escrituras es dirigir nuestros corazones hacia Jesús y ayudarnos a darnos cuenta de que cuando lo tenemos, tenemos todo lo que realmente necesitamos. Esto es particularmente cierto cuando estamos luchando contra la ansiedad.

En este libro, usted encontrará una exposición concisa de lo que las Escrituras dicen acerca de la ansiedad, así como de lo que se nos anima a hacer con la preocupación y el miedo cuando los experimentamos. El contenido de este libro pretende ser alentador y motivador al buscar la ayuda del Señor para superar la ansiedad que actualmente puede parecer que lo está superando.

Este libro no debe ser leído una vez para luego ser olvidado. Está organizado en 12 secciones útiles que pueden ser leídas en conjunto o individualmente. Usted obtendrá el máximo provecho del contenido si lo lee varias veces, resalta lo que más le llama la atención y reflexiona en oración sobre el contenido de la Escritura que se está discutiendo.

En las próximas páginas, se le animará a....

*Recordar que Dios lo sostendrá
*Rezar con gratitud
*No tener miedo en confiar
*Considerar cómo Dios está obrando en la creación
*Ser fuerte y valiente

*Buscar al Señor
*Arrojar su ansiedad sobre Dios
*Creer que hay un amor perfecto
*Dejar entrar la paz de Cristo
*Dejar que una buena palabra lo haga feliz
*Acoger la protección y guía del Señor
*No preocuparse por los problemas de mañana.

1. Recuerde que Dios lo sostendrá

Isaías 41:10

No temáis, porque yo estoy con vosotros; no os desalentéis, porque yo soy vuestro Dios; os fortaleceré, os ayudaré, os sostendré con mi diestra justa.

El Señor es bueno con su pueblo. En todas las generaciones, Él ha hecho todo lo posible para comunicar a la humanidad que desea acercarnos a Él. Nos invita a confiar en Él, nos anima a caminar con Él, nos suplica que le sigamos y nos recuerda su presencia.

El Señor está con su pueblo. Con frecuencia, a lo largo de nuestras vidas, luchamos con sentimientos de soledad y aislamiento. Pensamos que estamos solos y nos permitimos creer en la idea equivocada de que todo se reduce a nuestra propia sabiduría y habilidades. Esa mentalidad produce miedo y desánimo. Esto lleva a la consternación y engaña nuestros corazones para que olviden la presencia de Dios.

La autosuficiencia suena como un concepto tentador y muchas personas tratan de convertirla en una faceta importante de sus vidas y en estrategias de afrontamiento, pero la autosuficiencia no es el último deseo de Dios para nosotros. Él quiere que confiemos en Él, quiere que recibamos y utilicemos su poder. Él nos dice que puede y que nos fortalecerá si nuestra confianza está en Él.

También nos recuerda que desea ayudarnos. A menudo, pensamos en Dios como nuestro último recurso cuando no podemos resolver las cosas por nosotros mismos. Pero a través de Su Palabra Él nos anima a venir a Él como nuestro primer recurso. Necesitamos Su ayuda y la vida es mejor una vez que empezamos a admitir cuánto lo necesitamos.

Este versículo concluye con la promesa de Dios a Su pueblo de que Él los sostendrá con Su justa mano derecha. Esta promesa se hizo inicialmente al pueblo del antiguo Israel, ¿pero es menos cierta hoy en día para nosotros? Y si Dios ha prometido estar presente, ayudar y sostener a aquellos que confían en Él, ¿tenemos alguna razón real para temer?

2. Orar con gratitud

Filipenses 4:6-7

No os preocupéis por nada, sino que, en todo, mediante la oración y la súplica y la acción de gracias, sean conocidas vuestras peticiones a Dios. Y la paz de Dios, que sobrepasa todo entendimiento, guardará vuestros corazones y vuestros pensamientos en Cristo Jesús.

La ansiedad es dolorosa. Es una lucha real para todos nosotros en un grado u otro. Algunos de nosotros somos mejores escondiendo nuestra ansiedad que otros, pero todos luchamos con ella.

El deseo del Señor para nosotros es que cambiemos nuestra ansiedad por Su paz. Él ofrece guardar nuestros corazones y nuestras mentes en Cristo Jesús para que no seamos consumidos por las preocupaciones de este mundo. Pero, ¿cómo se inicia ese intercambio? ¿Cómo podemos cambiar la parálisis de la preocupación por la bendición de la paz?

Esta Escritura nos recuerda que debemos venir al Señor en oración. Puede ser que hayas estado pasando por tu vida hasta este punto tratando de llevar una pesada carga que nunca debiste llevar en primer lugar. Jesús vino a llevar las cargas que a menudo tratamos de llevar. Él nos invita a entregarle esas cargas en oración. Nos anima a dar a conocer nuestras peticiones en un espíritu de acción de gracias.

¿Por qué nos pide que oremos con gratitud? Mientras miro este versículo, no puedo evitar preguntarme si Él nos está pidiendo que seamos agradecidos en el sentido de que nuestra gratitud expresa intrínsecamente la confianza de que el Señor ya ha resuelto las cosas por las que estamos orando. Es como si le estuviéramos agradeciendo de antemano por lo que ya sabemos que va a lograr. Es una expresión que parece estar directamente relacionada con nuestra fe.

Y mientras oramos, el Señor nos asegura que Él guardará nuestros corazones y mentes. La ansiedad tiende a multiplicarse en nuestros corazones y mentes como las bacterias en una placa de Petri. Jesús nos asegura que Él guardará sobrenaturalmente nuestros corazones para evitar que eso suceda mientras le confiamos nuestras preocupaciones.

3. No tenga miedo de confiar

Salmo 56:3

Cuando tengo miedo, confío en ti.

Hay muchas lecciones que estoy seguro que Jesús quiere que aprendamos durante nuestro tiempo aquí en la tierra, pero parece que hay una lección que quiere que aprendamos por encima de todas las demás. Por lo que vemos en las Escrituras, Él sigue volviendo al tema de la confianza. A lo largo de las páginas de la Biblia, encontramos versículo tras versículo y ejemplo tras ejemplo de lo que significa vivir por la fe en Jesús. Se nos muestra lo que parece confiar en nuestro Salvador en todas las circunstancias.

Mucho de lo que experimentamos en este mundo no está bajo nuestro control. Por mucho que deseemos poder controlar todos los aspectos de nuestra vida diaria, finalmente nos damos cuenta de que eso es algo que no podemos hacer. Hay varias maneras en las que podemos responder a esa toma de conciencia, pero a menudo nuestra primera respuesta es el miedo. Tendemos a temer lo que no podemos controlar.

¿Qué debemos hacer cuando tenemos miedo? Supongo que podemos intentar embotellarlo o posiblemente ignorar la emoción, pero esas no son opciones muy efectivas. Esta Escritura nos ofrece otra alternativa, una mejor solución. Cuando tenemos miedo, el Señor nos anima a simplemente confiar en Él.

Confiar en nosotros mismos sólo conduce a más miedo. Ignorar lo que provoca nuestros sentimientos de miedo sólo pospone nuestro trato final con el miedo. Pero confiar en el Señor realmente se dirige a nuestro temor, es la cura para nuestro miedo,es admitir que creemos que el Señor puede intervenir en nuestro favor y manejar las cosas que sabemos que están más allá de nuestro poder y nuestra capacidad de control.

A veces tenemos miedo de confiar en Él porque la confianza implica dejar ir algo. Nuestro miedo es familiar y aunque nos duele, elegimos aferrarnos a él, a menudo con fuerza. Pero el Señor nos está llamando a dejarnos ir. Él nos está llamando a entregarle nuestros temores a Él y a regocijarnos en Su capacidad soberana para actuar en nuestro favor.

4. Considere cómo Dios está obrando en la creación

Mateo 6:25-34

Por eso os digo que no os preocupéis por vuestra vida, por lo que comáis o por lo que bebáis, ni por vuestro cuerpo, ni por lo que os pongáis. ¿No es la vida más que el alimento, y el cuerpo más que el vestido? Mirad las aves del cielo: ni siembran, ni cosechan, ni recogen en graneros, pero vuestro Padre celestial las alimenta. ¿No tienes más valor que ellos? ¿Y quién de ustedes, al estar ansioso, puede añadir una sola hora a su vida? ¿Y por qué te preocupa la ropa? Considerad los lirios del campo, cómo crecen; no trabajan ni hilan, pero os digo que ni Salomón en toda su gloria se vistió como uno de ellos.

Hay tanto que decir sobre estos versículos. En este pasaje, Jesús nos da ejemplo tras ejemplo desde la creación de cómo nuestro Padre celestial se preocupa por lo que Él ha creado. Jesús nos da estos ejemplos porque sabe que nuestros corazones pueden derivar rápidamente hacia la ansiedad y es útil tener un recordatorio visible que pueda calmar nuestros temores frecuentes.

Jesús nos recuerda que no necesitamos estar ansiosos por nuestras vidas. Él sabe que es común que la humanidad se preocupe por la provisión de nuestras necesidades diarias. Todos nosotros hemos pasado algún tiempo preocupados por estas cosas, particularmente durante las épocas de vacas flacas, cuando el dinero es escaso, el empleo es limitado o nuestra salud física está agotada.

Pero Jesús nos recuerda que somos de valor para Dios - un valor mayor de lo que nuestras mentes pueden comprender. De hecho, en toda la creación, no hay nada que el Señor valore más que la humanidad. Dios hizo al hombre a su imagen. Él no hizo eso por los pájaros o las flores o cualquier otra cosa en toda la creación. Esa es una realidad que nos es única.

Y si Dios hizo eso por nosotros, ¿no nos sostendrá también a nosotros? ¿No proveerá para nuestras necesidades? Jesús nos recuerda que, ya que Él está dispuesto a cuidar de las cosas menores en Su creación, también podemos estar seguros de que nuestro Padre celestial cuidará de nosotros. Cuando necesitamos un recordatorio de esa verdad, todo lo que necesitamos hacer es observar Su creación y estar en paz de que Dios no nos ha olvidado.

5. Sea fuerte y valiente

Deuteronomio 31:6

Sed fuertes y valientes. No temáis ni tengáis miedo de ellos, porque es el Señor vuestro Dios quien va con vosotros. Él no te dejará ni te abandonará.

El Espíritu Santo inspiró las palabras de esta Escritura cuando Moisés estaba preparando al pueblo de Israel para una transición de su liderazgo al liderazgo de Josué. El pueblo de Israel había estado vagando en el desierto durante 40 años en este momento. Estaban a punto de cruzar el río Jordán y tomar posesión de la tierra prometida. Pero esa tierra está ocupada actualmente por gente malvada y despiadada que sin duda se espera que luche.

Cuando vemos lo que sucedió cuando el pueblo de Israel entró y ocupó la tierra, podemos ver que el Señor cumplió Su promesa. Él prometió que estaría con ellos. En medio de todo por lo que pasaron, Él estaría presente. Él no los dejaría, no los abandonaría. En Él, podían ser fuertes y valientes. No necesitaban temer ni sufrir.

¿Qué hizo el pueblo de Israel para ganarse el amor de Dios? ¿Qué hicieron para merecer este tipo de favor de su Creador? Nada. Ni una sola cosa. Ellos no merecían Su amor o Su protección, sin embargo, Él todavía lo concedió con gracia y generosidad.

Pienso que a veces, luchamos por disfrutar y experimentar la fuerza y el coraje que el Señor proporciona a todos los que confían en Él porque estamos al menos parcialmente convencidos de que tenemos que hacer algo para ganarnos Su amor. Tendemos a pensar en Su amor en términos condicionales.

Esperamos que nos abandone porque sabemos que luchamos por seguirle tan fielmente como nos gustaría. Hay una parte de nosotros que realmente espera que Él se vaya y nos abandone.

Pero Dios no es inconstante. Su amor no es temperamental como la clase de amor que la humanidad tiende a mostrar. El amor de Dios es constante. No está anclado en nuestra actuación. Está arraigado en su propia naturaleza y por su gracia, podemos experimentar su coraje y su fuerza.

6. Busque al Señor

Salmo 34:4

Busqué al Señor, y él me respondió y me liberó de todos mis temores.

El contexto de este Salmo es a la vez divertido y sorprendente. David escribió este salmo como una expresión de su agradecimiento al Señor por rescatarlo de una situación desesperada. A David le preocupaba que fuera a ser asesinado por un rey vecino mientras estaba en su tierra. Así que David actuó un poco y fingió estar loco. Esto resultó en que el rey actuara con desdén hacia él en lugar de sentirse amenazado. David vivió, aunque parece que hubo un momento en el que pensó que era muy posible que le quitaran su vida.

En medio de la preocupación de David, buscó al Señor. No se dio por vencido en la desesperación. Más bien, él vino ante el Señor y pidió tanto sabiduría como liberación. El Señor escuchó la oración de

David y le respondió. Él liberó a David de todo lo que temía. Le protegió de lo que fácilmente podría haber sido su desaparición.

En medio de sus preocupaciones y temores, ¿a quién buscan? ¿Qué es lo que usted busca? Nuestros corazones anhelan la paz. Nuestros corazones anhelan estar satisfechos con algo. Buscamos y adoramos efectivamente todo lo que creemos que proveerá esa satisfacción. La verdad es que sólo encontraremos la paz y la satisfacción que buscamos a través de Jesús. Algunas personas tratan de satisfacer su corazón a través del abuso de sustancias, algunos siguen después de relaciones románticas vacías. Otros intentan encontrar la paz a través de pasatiempos y distracciones interminables. Pero Jesús es el que nuestros corazones realmente necesitan. Él es la respuesta y nos invita a buscarlo.

En medio de su próximo momento de ansiedad, haga una pausa y pregúntese: "¿Qué me gustaría tener ahora mismo para calmar esta preocupación y este miedo? Si su respuesta es "dinero", entonces el dinero es su dios. Si su respuesta es "tiempo" o "romance" o "una sustancia que altera la mente", entonces ellos son sus dioses. Pero los dioses falsos no pueden librarnos de nuestros temores. Jesús es nuestro Libertador y nos invita a buscarlo primero. Él es el Señor y Dios.

7. Arroje su ansiedad sobre Dios

1 Pedro 5:6-7
Humillaos, pues, bajo la poderosa mano de Dios, para que en el momento oportuno os exalte, echando sobre él todas vuestras angustias, porque él se preocupa por vosotros.

Un problema común que experimenta la humanidad es la tendencia a pensar en nosotros mismos más de lo que deberíamos. Creemos que somos fuertes. Creemos que tenemos el control. Pensamos que somos sabios y pensamos que tenemos suficiente previsión para poder percibir lo que se nos viene encima. Nos jactamos y presumimos de lo que tenemos y de lo que hacemos y tratamos de vivir como si fuéramos soberanos sobre la creación de Dios.

Hacemos esto de manera sutil y lo hacemos de manera abierta, pero es posible que ni siquiera nos demos cuenta de que estamos viviendo así o creyendo estas cosas acerca de nosotros mismos. El orgullo es cegador. Algunas personas pasan toda su vida sin darse cuenta de que están elevando su propia sabiduría y habilidades por encima de la del Señor.

Vivir así produce ansiedad porque en el fondo, sabemos que no podemos controlar todas las cosas que nos gusta decirnos a nosotros mismos que podemos dominar. Pero la Palabra de Dios nos anima, en la fe, a pensar con la mente de Cristo y a modelar su humildad abnegada.

Durante el ministerio terrenal de Cristo, Él nos mostró cómo era la verdadera humildad. Nos enseñó lo que realmente significa estar centrados en los demás. Él modeló lo que significa elevar la voluntad de Dios por encima de la suya. Esta Escritura está tratando de ayudarnos a entender eso también. En vez de elevarnos, estamos siendo llamados a humillarnos bajo la poderosa mano de Dios.

Cuando nos elevamos, terminamos predicando un falso evangelio a nuestros corazones. Empezamos a decirnos a nosotros mismos que tenemos que llevar nuestras cargas solos porque nadie más es capaz de llevarlas por nosotros. Esta mentalidad produce ansiedad, pero afortunadamente, existe una alternativa. La alternativa es reconocer que el Señor es Dios y luego humildemente arrojar nuestra ansiedad sobre Él, confiando en Él para manejar todas las cosas que una vez creímos que eran nuestras cargas.

8. Crea que Hay Amor Perfecto

1 Juan 4:18

En el amor no hay temor, sino que el perfecto amor echa fuera el temor; porque el temor lleva en sí castigo. De donde el que teme, no ha sido perfeccionado en el amor.

¿Cuáles son sus mayores temores? ¿Qué pensamientos temerosos intenta evitar que pasen por su mente? ¿Existen incontables escenarios catastróficos de "qué pasaría si" que plagan regularmente su pensamiento? ¿De dónde viene todo esto? ¿Cuál es la fuente de su miedo?

Cuando usted era un niño muy pequeño, ¿recuerda haber tenido tanto miedo como ahora o su nivel de miedo se ha desarrollado con el tiempo? Los niños pequeños que crecen en un ambiente saludable no suelen luchar contra el miedo como lo hacen algunos adultos. En un ambiente saludable, se le muestra a un niño regularmente y se le recuerda que es amado. Y si ese amor es genuino, un niño llega a creer que es así y su miedo es controlado.

¿Usted cree que es amado? ¿Qué cree que Dios tiene reservado para usted?

Esta Escritura nos dice que el amor perfecto echa fuera el temor porque el temor tiene que ver con el castigo. El castigo final del que se habla en las Escrituras y el tipo de castigo al que se hace referencia aquí es la separación eterna de Dios - una eternidad ausente de la presencia de Su amor. Pero si usted tiene fe salvadora en Jesucristo, su experiencia en la eternidad no estará ausente de Su amor. Usted estará vivo en Su presencia, asegurado de Su amor continuamente.

En este mundo, a menudo caminamos con miedo porque luchamos para creer que somos amados. Pero el Señor quiere que seamos perfeccionados en Su amor. Es decir, que Él quiere que alcancemos la plena madurez en Su amor.

¿Qué le detiene de creer en el amor perfecto de Dios para aquellos que están en Cristo Jesús? ¿Qué es lo que se interpone en el camino de su fe madurando hasta el punto de que usted comienza a ver cada día a través del lente de saber que, si usted está en Cristo, es amado y no necesita temer la condenación?

9. Bienvenidos a la Paz de Cristo

Juan 14:27

La paz os dejo, mi paz os doy; yo no os la doy como el mundo la da. No se turbe vuestro corazón, ni tenga miedo.

La paz es un concepto del que este mundo habla a menudo. Es el objetivo declarado de la política exterior de muchas naciones. Es algo que nuestros corazones y nuestras mentes anhelan. Diferentes personas se aferran a diferentes teorías sobre cómo se puede obtener, pero Jesús explica que la paz que realmente necesitamos es muy diferente de lo que se puede obtener de este mundo.

En muchos aspectos, a menudo tendemos a pensar que la paz es la ausencia de conflicto. Pero la paz que Jesús ofrece es mucho más profunda que eso. Cuando Jesús usa la palabra "paz", también está hablando de añadir algo a nuestras vidas, no sólo de quitarnos algo desagradable. La paz que Jesús ofrece es una bendición y un regalo. Su paz es el fruto de una relación correcta con Dios. Eso no es algo que este mundo pueda suplir, pero Él graciosamente provee Su paz a todos los que confían en Él.

Jesús sabe que en este mundo tendremos problemas. En las diferentes estaciones de nuestras vidas, el tipo de problemas que podamos experimentar posiblemente se verán un poco diferentes, pero son difíciles de igual manera. Tal vez usted está experimentando una temporada problemática en este momento o tal vez le preocupa que pueda experimentar problemas en un futuro cercano. En este pasaje, Jesús anima a nuestros corazones a no ser perturbados. Lo tenemos a Él. Tenemos Su paz. Podemos confiar en que Él manejará lo que nos preocupa.

Jesús también nos recuerda que no tengamos miedo. Una vez leí que el 97% de las cosas que tememos y de las que nos preocupamos no son ni remotamente probables de que nos ocurran, sin embargo, dejamos que nuestras mentes se detengan en las posibilidades de todos modos. Pero Jesús nos ofrece su paz para que no tengamos que tener miedo. No tenemos que huir. No tenemos que escondernos. No necesitamos acobardarnos de miedo. El Señor de toda la creación nos ha prometido Su presencia. Él nos ha asegurado que puede manejar cualquier cosa que nos preocupe. Él nos concede su paz para que nuestros corazones no sean gobernados por el miedo.

10. Deje que una buena palabra le haga feliz

Proverbios 12:25

La ansiedad en el corazón de un hombre le pesa, pero una buena palabra le hace feliz.

Cuando alguien que usted conoce está pasando por una temporada de ansiedad, a menudo se puede saber con sólo mirarlo. La expresión de su cara es hacia abajo, se sientan un poco más abajo en una silla. sus hombros parecen un poco encorvados cuando caminan, su ritmo puede parecer un poco más lento y su nivel de energía puede estar agotado. Hay signos externos que significan lo que está sucediendo en su corazón. Si son vencidos por sus preocupaciones y miedos, sus corazones son abrumados y se sienten pesados.

La ansiedad nos agobia, nos dice que necesitamos manejar las cosas que sólo Jesús puede manejar. Nos hace sentir como si nos hubiéramos visto obligados a soportar una carga que está más allá de nuestra capacidad de carga. Nos influye pensar que la ayuda no está disponible para nosotros - que estamos completamente solos en nuestra lucha.

Pero esta Escritura nos recuerda que hay una alternativa a ser agobiado por la ansiedad. A nuestros miedos les gusta mantenernos anclados en una posición de abatimiento, pero una "buena palabra" puede hacernos felices. Una buena palabra puede hacernos sentir ligeros de nuevo. Una buena palabra puede ser usada por Dios para levantarnos.

No hay palabra más grande que el evangelio. La palabra "evangelio" significa literalmente "buenas nuevas" y que las buenas nuevas son proclamadas y demostradas a través de todas las páginas de la Escritura. En el evangelio se nos dice que Dios creó el mundo y la humanidad perfecta. Nos rebelamos contra Él y nos volvimos pecadores y condenados. Pero en Su misericordia, Él eligió ofrecernos una segunda oportunidad.

Jesús, el Hijo de Dios, vino a esta tierra en carne, vivió la vida perfecta, tomó el castigo por nuestro pecado sobre sí mismo en la cruz, murió en nuestro lugar, se levantó de la muerte, venció al pecado, a Satanás y a la muerte y nos asegura que, a través de la fe en él, seremos perdonados y se nos dará una nueva vida. En Jesús, ya no somos condenados, somos hechos justos y santos a sus ojos.

¿Qué mensaje estás predicando a tu corazón? ¿Es un mensaje de condenación que produce ansiedad o la buena palabra del evangelio que produce gozo?

11. Dé la bienvenida a la protección y guía del Señor

Salmo 23:4

Aunque ande en valle de sombra de muerte, no temeré mal alguno, porque tú estarás conmigo; tu vara y tu cayado me infundirán aliento.

A lo largo de nuestro tiempo en esta tierra, siempre estamos en movimiento. O avanzamos o retrocedemos. Hay épocas de la vida en las que nuestra progresión o "caminar" puede hacer que viajemos a través de lugares muy oscuros. El salmista describe esos lugares oscuros como el "valle de la sombra de la muerte". ¿Cómo podemos navegar por esas experiencias? ¿Cómo podemos responder cuando nos encontramos en medio de una estación oscura de la vida?

Esta Escritura nos recuerda que nuestro Señor es nuestro líder y nuestro consolador. En muchos lugares de la Escritura, Jesús es representado como un pastor que cuida de sus ovejas. Él nos guía como necesitamos ser guiados. Él nos consuela cuando sabe que estamos sufriendo. Incluso en los momentos más oscuros de nuestras vidas, podemos estar seguros de Su presencia y Su cuidado.

Este versículo habla de que nuestro Señor tiene una vara y un cayado mientras pastorea a su pueblo. Hay una diferencia entre los dos. Entre los pastores, una vara era un palo de unos 3 pies de largo con un nudillo en el extremo. Se usaba como herramienta para proteger a las ovejas de los peligros. El cayado era un poco diferente. Era un bastón largo con un gancho más grande en el extremo y se usaba para guiar a las ovejas.

Nos dan una imagen importante. En medio de las estaciones oscuras, cuando no podemos ver lo que está por venir, lo que nos rodea o cómo podemos salir de lo que actualmente nos sentimos atrapados, todavía podemos confiar en el Señor que está presente con nosotros. Podemos estar seguros de que Él nos protegerá y nos guiará.

En medio de la oscuridad, Él nos protege del daño que no podemos ver o percibir. En medio de la oscuridad, Él nos guía en la dirección que Él quiere que vayamos porque nuestra vista no es suficiente.

Hay maldad en este mundo, pero no necesitamos temerla. Jesús está con nosotros para protegernos y guiarnos y esa verdad trae consuelo a nuestros corazones.

12. No se detenga en los problemas del mañana

Mateo 6:34

Por tanto, no os preocupéis por el mañana, porque el mañana se preocupará por sí mismo. Suficiente para el día es su propio problema.

Nuestras preocupaciones y temores se arraigan profundamente en nuestras mentes y corazones hasta el punto de que pueden convertirse en los asuntos primarios en los que nos concentramos. Un gran porcentaje de nuestro día puede estar ocupado por sentimientos intensos de ansiedad sobre una gran variedad de cosas, la mayoría de las cuales no están bajo nuestro control.

No tendemos a sentirnos ansiosos por el pasado. El pasado es algo que ya entendemos. No hay mucho misterio allí. Típicamente no estamos consumidos por el miedo a lo que ha sucedido. Nuestras preocupaciones y temores se centran principalmente en lo que podría suceder a continuación. No estamos preocupados por lo de ayer. Estamos preocupados por el mañana.

Nos hacemos preguntas ansiosas como: "¿Y si pierdo mi trabajo? ¿Qué pasa si me quedo sin dinero? ¿Qué pasa si me enfermo o me lesiono? ¿Y si algo malo le pasa a mi familia? ¿Qué pasa si me dejan solo?" En vez de concentrarnos en lo que el Señor tiene para nosotros hoy y en vez de recordar el hecho de que Él nunca permitirá que algo entre en nuestra vida que no sea para nuestro bien y Su gloria, tendemos a preocuparnos por lo que pueda suceder después.

Este tipo de pensamiento roba la alegría de cada día. En vez de caminar en la gracia de la alegría de Cristo, nuestras mentes se enfocan excesivamente en una multitud de interrupciones potenciales a nuestra vida preferida de comodidad y seguridad terrenal. Pero Jesús nos recuerda que cada día tiene suficiente de sus propios problemas. ¿Por qué invitar a los problemas del mañana que pueden o no pueden suceder en el gozo que Jesús tiene hoy para usted

La verdad es que si estamos en Cristo, nuestros mejores días están por venir. Cuando miramos las promesas de las Escrituras, vemos que hay bendiciones para nosotros que son aún futuras que superan incluso las mayores comodidades de esta vida terrenal. Si nuestras mentes insisten en enfocarse en cosas futuras, enfoquémonos en el hecho de que a través de Jesús, tenemos un futuro glorioso que está seguro en Él.

Extra: Escrituras adicionales alentadoras para la reflexión

Salmo 27:1

De David. El Señor es mi luz y mi salvación; ¿a quién temeré? El Señor es la fortaleza de mi vida; ¿de quién tendré miedo?

Romanos 8:31-39

¿Qué, pues, diremos a estas cosas? Si Dios está con nosotros, ¿quién puede estar en nuestra contra? 32 El que no perdonó a su propio Hijo, sino que lo entregó por todos nosotros, ¿cómo no nos dará también con él todas las cosas? 33 ¿Quién acusará a los elegidos de Dios? Es Dios quien justifica. 34 ¿Quién debe condenar? Cristo Jesús es el que murió -más que eso, el que resucitó-, el que está a la diestra de Dios, el que en verdad intercede por nosotros. 35 ¿Quién nos separará del amor de Cristo? ¿Tribulación, o angustia, o persecución, o hambre, o desnudez, o peligro, o espada? 36 Como está escrito,

"Por causa de ti somos muertos todo el

tiempo: Somos estimados como ovejas de matadero."

37 No, en todas estas cosas somos más que vencedores por medio del que nos amó. 38 Porque estoy seguro de que ni la muerte, ni la vida, ni ángeles, ni principados, ni lo presente, ni lo por venir, ni las potestades, ni lo alto, ni lo profundo, ni ninguna otra cosa en toda la creación podrá separarnos del amor de Dios en Cristo Jesús Señor nuestro.

Romanos 15:13
Que el Dios de la esperanza os llene de todo gozo y paz en la fe, para que por el poder del Espíritu Santo abundéis en esperanza.

Salmo 55:22-23

Arrojad vuestra carga sobre el Señor, y él os sostendrá; nunca permitirá que los justos sean movidos. Pero tú, oh Dios, los arrojarás al abismo de la destrucción; los hombres de sangre y de traición no vivirán la mitad de sus días. Pero confiaré en ti.

Isaías 43:1

Pero ahora, así dice el Señor, el que te creó, oh Jacob, el que te formó, oh Israel: "No temas, porque yo te he redimido; te he llamado por tu nombre, tú eres mío.

Salmo 94:19

Cuando las preocupaciones de mi corazón son muchas, tus consuelos alegran mi alma.

Lucas 10:19

He aquí, os he dado autoridad para hollar serpientes y escorpiones, y sobre todo el poder del enemigo, y nada os hará daño.

Éxodo 14:14

El Señor luchará por vosotros, y vosotros sólo tenéis que estar callados.

Hebreos 11:1

Ahora bien, la fe es la seguridad de lo que se espera, la convicción de lo que no se ve.

Salmo 91:1-16

El que mora en el refugio del Altísimo morará en la sombra del Todopoderoso. Le diré al Señor: "Mi refugio y mi fortaleza, mi Dios, en quien confío". Porque él te librará de la trampa del cazador y de la peste mortal. Él te cubrirá con sus piñones, y bajo sus alas encontrarás refugio; su fidelidad es un escudo y un broquel. No temerás al terror de la noche, ni a la flecha que vuela de día,

Hebreos 4:14-16

Desde entonces tenemos un gran sumo sacerdote que ha pasado por los cielos, Jesús, el Hijo de Dios, mantengamos firme nuestra confesión. Porque no tenemos un sumo sacerdote que no pueda compadecerse de nuestras debilidades, sino uno que en todo aspecto ha sido tentado como nosotros, pero sin pecado. Acerquémonos, pues, con confianza al trono de la gracia, para que recibamos misericordia y encontremos la gracia para ayudar en los momentos de necesidad.

Isaías 54:17

Ninguna arma que se forme contra ti tendrá éxito, y tú refutarás toda lengua que se levante contra ti en el juicio. Esta es la herencia de los siervos del Señor y su reivindicación de mi parte, declara el Señor.

1 Juan 1:9

Si confesamos nuestros pecados, él es fiel y justo para perdonar nuestros pecados y limpiarnos de toda maldad.

Salmo 118:6

El Señor está de mi lado; no temeré. ¿Qué puede hacerme el hombre?

Job 11:14-15

i alguna iniquidad hubiere en tu mano, y la echares de ti, Y no consintieres que more maldad en tus habitaciones; Entonces levantarás tu rostro limpio de mancha, Y serás fuerte y no temerás:

Romanos 8:1

Ahora, pues, ninguna condenación hay para los que están en Cristo Jesús.

Mateo 28:20

Enseñándoles que guarden todas las cosas que os he mandado: y he aquí, yo estoy con vosotros todos los días, hasta el fin del mundo.

Hebreos 2:14-15

Así que, por cuanto los hijos participaron de carne y sangre, él también participó de lo mismo, para destruir por la muerte al que tenía el imperio de la muerte, es á saber, al diablo, y librar á los que por el temor de la muerte estaban por toda la vida sujetos á servidumbre.

Lamentaciones 3:57
*Acercástete el día que te invoqué: dijiste:
No temas.*

1 Tesalonicenses 5:17
Orad sin cesar,

Mateo 10:26

Así que, no los temáis; porque nada hay encubierto, que no haya de ser manifestado; ni oculto, que no haya de saberse.

Mateo 10:28

Y no temáis a los que matan el cuerpo, más al alma no pueden matar: temed antes a aquel que puede destruir el alma y el cuerpo en el infierno.

Isaías 26:3

Tú le guardarás en completa paz, cuyo pensamiento en ti persevera; porque en ti se ha confiado

Isaiah 35:4

Decid á los de corazón apocado: Confortaos, no temáis: he aquí que vuestro Dios viene con venganza, con pago: el mismo Dios vendrá, y os salvará.

¿Puedo pedirle un favor?

Hay otros que se beneficiarían de escuchar el testimonio de cómo el Señor ha estado trabajando en su corazón para ayudarle a superar la ansiedad. Por favor tome un momento y comparta un poco sobre el trabajo que el Señor está haciendo en su vida al dejar su reseña de este libro.

¡Gracias!

Parte 2

Introducción

Mi sincero agradecimiento por haber descargado este libro.

El presente libro le brinda una guía para ser un guerrero de paz con el fin de superar la ansiedad. La ansiedad es un problema muy incómodo, ya sea si siente mareos o llega a tener dolor o molestias en el pecho. En cualquiera de los casos mencionados, este libro le será de gran utilidad. Lo primero que debe saber es que no está solo. Antes de aprender a lidiar y superar la ansiedad, creía que no era algo normal y, aunque lo fuera, debe saber que NO está solo.

¡Aviso! Este libro no es como la mayoría de libros que existen sobre este tema. No le voy a decir lo que debe comer o qué medicamentos debe tomar. Tampoco le vengo a sugerir que consuma medicina natural, como por ejemplo, aceites esenciales. Aunque son buenas ideas, vamos a profundizar en el asunto y hacer lo posible para lograr esos cambios permanentes que considero necesarios en su vida.

El propósito es darle los medios para que usted y su vida experimenten un verdadero cambio.No...No va a convertirse en un dios, pero si toma en serio los métodosa aplicar en este libro, verá un cambio en sus niveles de ansiedad y en la perspectiva que tiene de la vida en general. Se convertiráen un guerrero de paz. Comencemos, ¿de acuerdo?

Capítulo 1 – Basta, es hora de un cambio

"Es en los momentos de decisión cuando se forja tu destino."
- Tony Robbins

En lo personal, la ansiedad siempre ha estado asociada con malestares en el pecho. Mucha gentedescribe la ansiedad como el equivalente atener distención abdominal, sentir ardor en todo el cuerpo, falta de aire, etc. No importanlos síntomas, creo que pensamos igualal decir que son muy incómodos. Entonces, ¿por qué algunas personas sufrende este mal yotras no?, ¿Por qué son tan afortunados? Quizá haya soñadocon una vida en la que no teme avergonzarse de algo y sentirse ridículo. Quizá su único deseo es dejar de sentir que está bajo presión todo el tiempo. Quizá le teme a la soledad. Le garantizo que hay solución para cualquier miedo que tenga. Por supuesto que no todo temor es malo, pero a menudo el miedo provocado por la ansiedades infundado. Por lo tanto, nuestro objetivo es disminuir el miedo y aumentar esasensación de tener todo bajo control, pero a medida que vaya avanzando por cada capítulo, en lugar de tomar el control, hay que perderlo.

Es por eso que el propósito de este capítulo es darle los motivosnecesarios para cambiar. Tome en cuenta las siguientes preguntas:

• ¿Qué ha dejado pasar por culpa de la ansiedad?

• ¿Qué haría en este momento si no tuviera ansiedad?

• ¿Qué tipo de relaciones ha dejado pasarpor culpa de la ansiedad?

• ¿Cómo viviríasu vida si no tuviera ansiedad?

Si estas preguntas le provocan algo de dolor, está bien. Ya sea el dolor o la alegría, cualquiera de ellos es un gran motivador devida. El dolores el que más impera.

Por ejemplo: Si pongo 10 millones de dólares en la línea de meta, ¿está seguro de que va a hacer lo que sea para correr más rápido? Pero digamos que,en lugar de poner algo en la línea de meta, pongo a un lobo salvaje y hambriento a perseguirlo con el fin de hacerle daño. ¿En qué situación va a correr más rápido? Apuesto a que escogió la segunda opción.

Comprender la idea principalque existe tras la motivación es crucial si busca superar la ansiedad. Como mencioné, si aquellas preguntas le provocaron algo de dolor, está bien porque eso le impulsará a seguir adelante en su objetivo de superar la ansiedad. Es posible que existan otras preguntas que le provoquen mucho más dolor y sirvan de motivación con el fin de optar por un cambio. Úselas como impulso. Es hora de que finalmente decida poner fin al problema. "No puedo seguir viviendo así. Tiene que haber algo más en la vida que este sufrimiento constante de ansiedad". Confíe en mí, hay solución. Le aseguro que compartiré todos los consejos prácticos y sugerencias que me han ayudado a superar la ansiedad. Hay una vida maravillosa ahí afuera que está esperando por usted. Es momento de descubrir cómo llegar a la tierra prometida, ¿estamos?

Resumen:

• *El dolor es el mayor motivador. Plantéese preguntas que provoquen dolor como, ¿qué he dejado pasar por culpa de la ansiedad?*

• *Tome la decisión de cambiar su vida. Por último, diga "¡Basta!" y comprométase a superar la ansiedad de una buena vez.*

Capítulo 2 – ¿Qué opinión tiene de usted?

Con la mencionada pregunta busco cuestionarlo y decirle que usted no es un nombre. No es un cuerpo humano. Su edad es sólo un número. No es el producto de las circunstancias por las que ha pasado. El punto es que usted no es la ansiedad.

Uno de los puntos principales para superar la ansiedad es darse cuenta de que usted no eslo que piensa, siente y experimenta. Usted sabe lo que piensa, siente y experimenta durante su vida. Si no tiene idea del concepto en cuestión,es probable que se confunda. ¿A qué quiero llegar con esta pregunta? Bueno, déjeme adivinar. No compró el libro porque buscaba información que puede obtener en cualquier librería existente acerca de la ansiedad. Le diría que cambie sus hábitos alimenticios, ya que pueden ser parte del problema. Le recomiendo consumir medicina natural, como por ejemplo,aceites esenciales que son de utilidad, cambie su forma de pensar y empiece a tener un enfoque más realista de la vida. Todas estas ideas son geniales, no me malinterprete. El propósito de este libro no es repetir toda esta información que puede conseguiren cualquier otro lugar.

El propósito de este libro es convertirlo en lo que me gusta llamarlocomo guerrero de paz. Ahora, una vez que sea un guerrero de paz, la ansiedad no será un problema para usted. Es posible que siga experimentando algunas sensaciones en su cuerpo, sin que eso signifique que se trate de ansiedad. Para ello, debe tener algo más que un pensamiento positivo. Es necesario cambiar la opinión que tiene de usted. No es necesario ponerse a crear afirmacionespara lograrlo, no; vamos a ir al fondo del asunto.

Quiero que se separe de todo. Cada concepto que tenga de usted. Aunque es probable que sea una persona estupenda y con una personalidad agradable, ¿no cree que algo tiene que cambiar?En lo personal, el sufrimiento de seguir siendo el mismo se fue acrecentando y eso me obligó a cambiar. De hecho, sigo cambiando. ¿Qué cambio? ¿Estilo de ropa, color de cabello, relaciones, apartamento o de ciudad? No, un cambio en la opinión que tiene de usted. No sólo un cambio de identidad, sino un completo desapego de la opinión que normalmente tiene de usted. Si se toma en serio la tarea de superar la ansiedad, este paso es muy importante.

¿Alguna vez se ha topado con la siguiente situación? Está a punto de hacer algo que le produce ansiedad, lo sabe y comienza a pensar en que nada bueno puede resultar de esto. De repente, ¿la ansiedad le produce ansiedad? Si es como yo y lo ha vivido en carne propia, significa que la ansiedad está estrechamente relacionada a la opinión que tiene de usted. Esto se debe a que nuestras normas de conducta están basadas en el ego. Si no tiene idea de lo que es el ego y sus consecuencias, déjeme explicarle. Básicamente, el ego es una ilusión que se tiene de sí mismo basado en los recuerdos y opiniones que se tiene como persona. Vea a su ego como una persona de baja estatura dando vueltas por su cabeza y diciéndole toda clase de cosas sobre usted y los demás, etc. El objetivo de esta personade baja estaturaes hacerle creer que él es usted. ¿Entiende? Lo que esta persona de baja estaturabusca es que crea que ÉL es USTED. La razón por la que esta persona de baja estatura busca que usted crea en ello es para que usted empiece a marcar distancia de los demás.

A esta persona de baja estatura o ego también se le conoce como enemigo oculto. Como guerrero de paz, ese el enemigo a vencer. Él es una de las principales razones de su ansiedad y sufrimiento. Él es la voz dentro de su cabeza que le dice lo que es usted. Soy bueno en esto, malo en esto, soy mejor que esta persona, peor que esa persona, etc. Él que no acepta el presente y quierelo mejor para el futuro o anhela el pasado. El ego va más allá de eso, sólo estoy dando una breve explicación. Algunas personas que escuchan esto por primera vez quizá se pregunten, ¿hay una voz dentro de mi cabeza? O se enojan y niegan que exista tal cosa. Obviamente, es el ego que está hablando y negando la situación.

Si este concepto le parece desconocido, entiendo que sea motivo de confusión. Es bueno que sepa que toda persona tiene un ego, incluso la gente más culta, pero no tienen relación alguna entre sí. En los siguientes capítulos aprenderá algunas técnicas para desprenderse del enemigo oculto y, finalmente,empezar el camino hacia la libertad.

Resumen*:*

- *Para superar la ansiedad, debe deshacerse de la opinión que normalmente tiene de usted. Especialmente, si cree que usted es la ansiedad o que la ansiedad es parte de usted.*

- *Preste atención al enemigo oculto (el ego), que constantemente se empeña en causar sufrimiento en su vida al decirle que algo se va a dar de una forma diferente a lo que espera o suele ser en realidad.*

- *La mejor arma que el enemigo ocultousa es hacerle creer que él es usted. Ahora que lo sabe,ya tiene idea de cómo enfrentarlo. Tome en cuenta lo que pasa por su cabezasin pensar si es bueno o malo.*

Capítulo 3 – Meditación de plena conciencia

"La negatividad es causada por una acumulación detiempo psicológico y por la negación del presente. La incomodidad, ansiedad, tensión, estrés, preocupación– toda forma de miedo que exista–son producto deestar muy centrado en el futuro y no vivir el presente. La culpa, arrepentimiento, resentimiento, quejas, tristeza, amarguray toda forma de castigoson productode vivir apegado al pasado y no vivir el presente."

- *EckartTolle*

Bien, ahora ya conoce un poco al enemigo oculto y lo que nos está provocando. ¿Cómo podemos deshacernos de este "hombrecito" que ronda nuestra cabeza? No veo adecuado que su primer objetivo sea deshacerse de él. Se dará cuenta de que, en realidad, no luce como una amenaza una vez que lo enfrenta con la mentalidad correcta. Lo primero que debe entender es que usted decide cuánto poder tiene este "hombrecito".

Recuérdelo, usted tiene el control.

Lo primero que tiene que hacer es abrir los ojos. Cuando abre los ojos, empieza a marcar distancia. Hay algunas maneras de hacerlo. La primera recomendación es que se siente y medite. Se puede decir que es aburrido. Bueno, de ser así, definitivamente necesita meditar. En el mundo de hoy en día, nos hemos vuelto muy adictos a la estimulación constante. No dejamos espacio para la reflexión. Deje su teléfono a un lado, de preferencia, apáguelo. Eso puede ser arriesgado, ¿y si hay una emergencia? Cuando alguien plantea este argumento, les pregunto cómo la gente pudovivir antes de que se inventara el teléfono. En fin, eso es otra historia.

Siéntese en una habitación tranquila, coloque su cuerpo en una posición apropiada. Coloque su espalda lo más recta posible. Concéntrese en su respiración, tanto la inhalación como la exhalación. ¿Por dónde está respirando? ¿Por el pecho o el estómago? Si respira por el pecho, no cambie su forma de respirar, sólo concéntrese. Cuando su mente de mono empieza a pensar en otra cosa, vuelva a concentrarse en respirar. Tenga plena aceptación de lo que sucede en su cuerpo y mente. Quizá su mente empiece a pensar en lo que necesita hacer, lo estúpido que resulta esto y lo incómodo que se siente. Relájese y vuelva a concentrarse en respirar. La persona de baja estatura busca controlarlo de esa manera. No lo juzgue, concéntreseen respirar. Haga esto durante al menos cinco minutos.

Acostúmbrese a comenzar su día concentrándose en respirar por cinco minutos. Antes de hacer alguna actividad, prepare café, coma un sánduche, sea cual sea su rutina matutina. Coloque las piernas a un lado de la cama y siéntese durante cinco minutos en posición vertical. Recuerde, ya no aguanta más, ¡acéptelo! Cada vez que se enfoque en otra cosa que no searespirar, vuelva a concentrarse en ello. El propósito de este ejercicio es liberarse de los pensamientos con los que nos sentimos identificados / persona de baja estatura. Reciba esa sensación en su cuerpo. No piense que está sufriendo deansiedad, adéntrese en esa sensación. No es bueno ni malo, solamente es una sensación.

Al hacerlo, se sentirá cada vez mejor. Si le agrada esa sensación, hágalo por más de cinco minutos. El objetivo final es llevarse esa sensaciónque produce la actividad por un día entero. Por ejemplo, si está lavando los platos o caminando por afuera, preste atención al movimiento de sus manos, su respiración, el sonido a su alrededor. Ahora tiene un arma contra esa persona de baja estatura: la reflexión.

Compartiré con usted la que considero es la segunda arma más efectiva contra este enemigo oculto. Esto requiere que previamente, haya marcado cierta distancia. La idea es usar el humor. Si alguna vez ha visto South Park u otro programa de TV o película que tiene un personaje con una voz o estilo gracioso, añádaledichas cualidades a esa persona de baja estatura. Entonces, cada vez que le diga que no puede hacer algo, cómo debe sentirse, que tiene miedo de algo, etc. Piense en ese personaje graciosocuando eso suceda.

Resumen:

• *La reflexión es el arma más efectiva contra el enemigo oculto / persona de baja estatura. Comience todos los días con cinco minutos de meditación y concéntrese en respirar.*

• *Enfóquese en su vida diaria. Dirija su atención al ahora.*

• *Cada vez que sienta que su voz se está apoderando de usted, use la segunda arma más efectiva, que es el humor. Añádale algunas cualidades graciosas a esa personade baja estatura. Recuerde que siempre tiene el control.*

Capítulo 4 – La burbuja que nos rodea

"Una vez que me di cuenta que la burbuja me controlaba, comencé a odiarla. Eso fuebueno, porque cuando lo hice, me resultó fácil destruirla para abrir paso al deseo de volar".

- Jenny Holmquist

Imagineestar rodeado por una burbuja de la que no puede salir y que le está apretando. Lo encierra cada vez más cuando está cerca de otras personas. Quizá cuanto más cerca está unadeterminada persona o grupo de personas, la misma se vuelve más fuerte. El objetivo de dicha burbuja es reducir sus niveles de energía, provocar rigidez en el cuerpo y que se sienta cohibido. Cuando esta burbuja lo presiona más, siente como si llevara el mundo sobre tus hombros. Quizá sienta que hay una cinta apretando su cabeza. Ahora, ¿Qué pasa si le digo que esta burbuja existe? ¿Le gustaría salir de ella?

Apuesto a que dijo que sí. No es tan difícil como parece, en realidad es muy simple.

Sin embargo, no es fácil, pero si tiene una apropiada motivación (que supongo que tiene, si se hizo las preguntas del capítulo 1), lo logrará. Se librará de esta burbuja y experimentará lo que se siente superar la ansiedad. Al igual que el ego, esta burbuja busca que usted sea como ella. Quiere hacerle creer que la burbuja es usted. No podría estar más alejado de la verdad. Usted es más que eso.

En la práctica, ¿qué significa esto? Bueno, las emociones que experimenta cuando tiene ansiedad no forman parte de lo que es usted. No son una maldición que aparece al nacer. No son parte de su ADN, del cual no puede librarse. La idea es comprender que usted es capaz de vivir sin ataduras. Es momento de decidir ser libre. Ahora, esto requiere autoconocimientoy valentía, algo que asumo que los tiene porque aún sigue leyendo este libro. Le aviso que es necesario seguir este proceso, ya que la sensación de libertad lo puede agobiar. Es posible que surjan diversas emociones reprimidas en este proceso. Básicamente, lo que estoy tratando de decir es que no cometa ninguna locura. No quiero que se haga daño y, como dije en la introducción, no se convertirá en un dios, aunque se sienta así.

Se va a encontrar en un estado habitual. Supongamos que la vida hay que vivir con alegría. Ese es el estado habitual. Entonces, si siente que ha estado encerrado en una cueva durante años y finalmente volvió a ver la luz, ¡Felicidades!

Ahora, el objetivo es salir de la burbuja. Quiero que consiga un bolígrafo, un trozo de papel y lo escriba. No le voy a dar detalles del por qué debe hacerlo, pero para ser específico, los estudios han demostrado una y otra vez que escribir sus objetivos es la forma más eficaz de llegar a cumplirlos. Lo que tiene que hacer es que su subconsciente se concentre en lograr lo que ha escrito. Escriba sus objetivos como si los hubiera alcanzado. Quiero que escriba, al menos, estos dos objetivos con sus propias palabras:

1.   Al fin me libré de la burbuja y me siento complacido por ello.

2.   Me libero delas críticas y de hacer caso

a lo que la gente diga de mí.

El objetivo número dos es, en realidad, un beneficio que tendrá al salir de la burbuja, pero anótelo en caso de que su mente sienta que la burbuja empieza a oscurecersey se vuelva una mentira. Ahora ya sabe hacia dónde vamos. En el próximo capítulo, entraremos en el plan de acción para salir de esta burbuja.

Claves:

• *El propósito de la burbuja es reducir sus niveles de energía, provocar rigidez en su cuerpo y que se sienta cohibido.*

• *La burbuja que nos rodea es similar al ego, quiere que sea como ella. Busca hacerle creer que la burbuja es usted. No podría estar más alejado de la verdad. Usted es más que eso.*

• *Hay que vivir la vida con alegría. De eso se trata el estado habitual.*

• *Anote su objetivo con el fin de que el subconsciente sepa a dónde hay que apuntar y dirigirse.*

Capítulo 5 – Libertad

"Cuando hablas con la verdad, te liberas. Cuando te mueves de forma espontánea, te liberas. Cuando caminas por las montañas o nadas en el mar, otra vez, te liberas."

— *JayWoodman*

Este capítulo puede asustarle un poco. Sus manos podrían comenzar a sudar y esa persona de baja estatura podría venir a tomar posesión de usted. No se preocupe, respire hondo y siga conmigo.

Cuando siente ansiedad, su burbuja se torna muy apretada, necesita expandirla. ¿Cómo se hace? Bueno, hay tres formas. La primera es la meditación, que se encuentra en el capítulo 3. La segunda forma es abrir su cuerpo. Y la tercera forma es la intención de hacer algoque le provoque vergüenza. Llegó la hora de ser libre. Quiero presentarle algunos ejercicios bioenergéticos. Es algo que me ha ayudado muchoen diversas maneras, por lo que los recomiendo de todo corazón. No le voy a compartir todos los ejercicios, pero compartiré los dos que uso normalmente. Si quiere más ejercicios, busque en Google.

1. El primer ejercicio se llama "Arco". Lo que tiene que hacer es pararse y alzar sus brazos para formar una V. Abra la boca tanto como le sea posible. (Hay mucha tensión en la boca, por lo que es necesario distender el rostro). Lentamente, comience a mover la parte superior de su cuerpo hacia atrás, como si fuera a caminar por debajo del palo de limbo. Siga manteniendo los brazos arriba y la boca abierta. Va a sentir que la parte superior de su cuerpo, específicamente alrededor del área del pecho, comienza a temblar. Si no, inclínese un poco más hacia atrás con la parte superior de su cuerpo.

2. El segundo ejercicio se llama "Vibración y movilidad". Comience levantando los talones del piso y haga que reboten en el suelo. Relaje su cuerpo tanto como sea posible (sin embargo, tiene que estar de pie, así que no se caiga). Levante y deje caer los talones un par de veces y lentamente comience a mover la cabeza,

los hombros, los brazos y relaje los músculos mientras lo hace. No se preocupe por seguir un determinado patrón. Sacúdase y menee su cuerpo tanto como pueda. Cuanto más ridículose sienta o crea que es absurdo hacerlo, mejor.

Los beneficios de hacer estos dos ejercicios son que su cuerpo se sienta más relajado. La tensión en su cuerpo desaparecerá para, posteriormente, formar un círculo virtuoso. Los niveles de ansiedad se reducen, tendrá más confianza y ahora tendrá una forma de expandir la burbuja.

Bien, repasemos la parte aterradora. "¿Hago algo con la intención de sentir vergüenza? Esuna tontería, qué consejo más estúpido, gracias por haberme hecho perder tiempo". ¡ESPERE! ¿No será que su ego está hablando? ¡Vamos, no ha llegado tan lejos leyendo el libro para dejarlo ahora! Usted es muy valiente. Continuemos. Muchas veces, cuando su burbuja lo presiona más, es una manifestación física de miedo. Tiene miedo en su cuerpo que no lo deja seguir.

Ahora, puede que no sea el tipo de miedo que siente si tiene miedo a las alturas, por ejemplo, éste suele ser más sutil. Está más al fondo, pero lo siente. Su enemigo oculto se aprovecha de este sentimiento. Quiere controlarlo y sabe que es un blanco fácil cuando siente miedo. Si deja que tome posesión de usted, se concentrará menos en lo que le rodea y más en usted mismo. Hay una salida a ello.

¿Alguna vez ha hecho algo que no va con usted? Apuesto a que sí, quizá estuvo en una cena, en otro país, en otra circunstancia y actuó de forma algo rara o quizáalgo incómodaahora que lo recuerda. Pues bien, usted no actuó de forma rara en ese entonces. Simplemente se encontraba en otra situación. Cuando lo piensa, es probable que no se haya sentido incómodo o extraño en el momento en que actuóde esa manera. Su burbuja era más grande, quizá desapareció en ese momento. No solo vivía, sino que se sentía con vida. Anhela estar en dicho estado. Cuando se encuentra en dicho estado, se convierte en un guerrero de paz.

Recuerde: Nadie puede hacerlo sentir avergonzado o ansioso, sólo usted es capaz de hacerlo. Usted decide si le va a afectar la opinión de alguien. Al comienzo de este ejercicio, obviamente, se va a sentir extraño y avergonzado, y puede que sienta que no hay mucho que hacer al respecto. Pero recuerde la importancia de la reflexión, pongaplena aceptación a la situación. Acepte ese sentimiento en su cuerpo, sus pensamientos, todo, como si no fueran su propia persona. Usted es un espectador. Bien, ¿qué ejercicios puede hacer? Bueno, supongo que no necesito decirle qué es lo que le hace sentir avergonzado. Creo que puede pensar en muchas cosas, pero hay un ejercicio con el que puede comenzar:

Salga al bosque y cante en voz alta.

Si desea llevar este ejercicio a otro nivel, le sugiero que vaya a una ciudad cercana donde no conozca a nadie. En pleno día, comience a cantar mientras va por la calle. Cerciórese de que los demásle escuchen cantar.

Si puede hacerlo en su ciudad, mucho

mejor, pero es probable que le resulte complicado hacerlo. Empiece por notar cómo se siente después de haberlo hecho. Su corazón latirá con fuerza, incluso podría estar temblando. Pero, ¿qué pasa si alguien me pregunta qué es lo que estoy haciendo o me dice que pare? No se preocupe, probablemente no sucederá, pero si llegara a suceder, responda amablemente que tenía ganas de cantar y que lamenta lo sucedido. Haga algo que le provoque incomodidad y ponga plena concentración y aceptación de lo que suceda. No intente controlar otra cosa que no sean sus pensamientos. Lo más probable es que se sienta más vivo que nunca después de tal experiencia.

No le diga a nadie que lo va a hacer; pueden tratar de disuadirlo o burlarse de usted. Después del enemigo oculto, el mayor enemigo son sus amistades y familiares. No todos ellos, por supuesto, pero es probable que existan personas que busquen   impedirlo. Inconscientemente,quieren evitar que usted deje de ser la misma persona de siempre. En el próximo capítulo, quiero mencionar algo muy importante, por loque es necesario que siga con la lectura.

Claves:

• *Las tres armas principales que tiene contra la burbuja son la atención plena, ejercicios bioenergéticos y actividades de relajación.*

• *Realice ejercicios bioenergéticosde forma regular. Especialmente, cuando sienta que su burbuja lo presiona con fuerza. Se va a sentir relajado después de hacer estos ejercicios.*

• *Haga ejercicios de relajación y ponga más de sí mismo, hágalo y comience a liberarse de la burbuja. Posteriormente, sacuda su cuerpo y siéntase más relajado. Sabrá realmente lo que se siente estar vivo.*

Capítulo 6 – Deje atrás el pasado

"...y que, al final, la gente que más aprecias se va para siempre."
— *Paulo Coelho, Once minutos*

¿Alguna vez ha escuchado la siguiente frase? "Eres el promedio de las cinco personas y libros con los que más te asocias". Creo firmemente en esta frase. Si anda con gente negativa que pasa quejándose todo el tiempo, es probable que también comience a quejarse. Si pasa todos los días llenando su cabeza con cosas negativas sobre muerte, destrucción, guerra, etc, no se va a sentir muy bien. Entonces, este capítulo trata sobre dejar atrás a esas personas y objetos que no son aporte. No es para decirle que usted es mejor que ellos (Aunque de alguna manera quiero pensar que lo es, si se rodea de gente realmente negativa). Para tener los pies en la tierra, piense de la siguiente manera: "Está viajando a un destino diferente al que los demás se están dirigiendo en este momento".

Si se toma en serio superar la ansiedad, es

probable que existan personas en su vida que quieran impedirle alcanzar su objetivo. Entonces, lo primero que debe hacer es dedicar un tiempo para la reflexión. ¿Hay personas en su vida que lo hacen sentir mal? Quizá hacen ruidos o gestos graciosos cuando ha conseguido algo que lo satisface. Tómese el tiempo para sentirse y ser sincero consigo mismo. ¿De quién podría deshacerse? ¿De qué hábito podría deshacerse? ¿Cómo se siente después de leer el periódico? Es probable que sienta adicción, pero, ¿es una adicción favorable? Si tiene emociones negativas al ver o leer las noticias, mi sugerencia es que se detenga. Personalmente, leo o veo las noticias quizá una vez al año, a menos que alguien me ponga al tanto de alguna noticia. No se preocupe si no está al tanto de lo que sucede en el mundo. Lo mejor es que se concentre en lo que está sucediendo en SU mundo. Recuerde siempre que usted es responsable de lo que hace. Si lee libros sobre optimismo y motivación, se volverá una persona positiva.

Realmente espero que tome esta parte en serio y comience a eliminar esas energías negativas de su vida. Ahora, usted es un guerrero de paz, recuérdelo. Es mejor estar solo que al lado degente negativaque provoca un ambiente pesado. Aunque sean chéveres de vez en cuando, ¿realmente vale la pena? Entiendo que puede ser doloroso, pero deshágase de ellos. Entiendo que esto podría ser difícil cuando se trata de un miembro de la familia. Pero siempre puede elegir pasar menos tiempo con ellos.

Entonces, ¿cuáles son las medidasa tomar para cambiar su entorno? Bueno, el primer paso es abrir los ojos, cosa que asumo que lo está haciendo. El segundo paso es ser rudo. Cuando una persona lo desanime, aléjese. Ya no lo necesita. Usted es mejor que eso. Valórese lo suficiente como para alejarse de esas personas. Comience a mostrarle a la gente que esa clase de comportamiento no va con usted. Siusted es del agrado de los demás, cambiarán su comportamiento. De lo contrario, no se sienta mal por alejarse de ellos, tiene una vida maravillosa. El paso número tres es identificar los malos hábitos en su vida. Por ejemplo, es posible que tenga la costumbre de leer foros que no le aportan a su vida. O quizá ve un determinado reality show que lo hace sentir mal. Identifique lo que siente cuando realiza sus actividades diarias. No se aplica en todo, pero asumo que entendió a lo que me refiero. Si se pone ansioso cuando lava los platos, por ejemplo, no es la actividad la que le produce esa sensación, es algo a nivel interno. En tal caso, recuerde lo que hemos hablado en este libro.

Claves:

• *Recuerde que usted es el promedio de las cinco personas con las que pasa la mayor parte del tiempo.*

• *Aléjese de la gente que le genera problemas. Ya no los necesita. Es mejor estar solo que mal acompañado.*

• *Identifique los malos hábitos en su vida y elimínelos. ¿Qué actividades le hacen sentir mal? Quizá está leyendo el periódico o viendo un determinado reality show. Deje de preocuparse tanto por lo que está sucediendo en el mundo y preocúpese más por lo que está sucediendo en SU mundo.*

Conclusión

¡Gracias nuevamente por haberse tomado el tiempo de leer este libro!

Espero que este libro le haya aportado ideas nuevas que sean de ayudaparalidiar con la ansiedad.